행복을 찾아서

강 효 민 목사

새삶 전도협회

하나님은 당신을 사랑하십니다

예수님 안에 행복이 있습니다

행복을 찾아서

전도서 6:1-9

　"내가 해 아래에서 한 가지 불행한 일이 있는 것을 보았나니 이는 사람의 마음을 무겁게 하는 것이라. 어떤 사람은 그의 영혼이 바라는 모든 소원에 부족함이 없어 재물과 부요와 존귀를 하나님께 받았으나 하나님께서 그가 그것을 누리도록 허락하지 아니하셨으므로 다른 사람이 누리나니 이것도 헛되어 악한 병이로다. 사람이 비록 백 명의 자녀를 낳고 또 장수하여 사는 날이 많을지라도 그의 영혼은 그러한 행복으로 만족하지 못하고 또 그가 안장(安葬)되지 못하면 나는 이르기를 낙태된 자가 그보다는 낫다 하나니 낙태된 자는 헛되이 왔다가 어두운 중에 가매 그의 이름이 어둠에 덮이니 햇빛도 보지 못하고 또 그것을 알지도 못하나 이가 그보다 더 평안함이라. 그가 비록 천 년의 갑절을 산다 할지라도 행복을 보지 못하면 마침내 다 한 곳으로 돌아가는 것뿐이 아니냐. 사람의 수고는 다 자기의 입을 위함이나 그 식욕은 채울 수 없느니라. 지혜자가 우매자보다 나은 것이 무엇이냐. 살아 있는 자들 앞에서 행할 줄을 아는 가난한 자에게는 무슨 유익이 있는가. 눈으로 보는 것이 마음으로 공상하는 것보다 나으나 이것도 헛되어 바람을 잡는 것이로다."

사람은 행복해야 합니다. 하루를 살아도 행복하게 살아야 합니다. 오늘날에는 건강과 장수에 대한 관심이 굉장히 높습니다. 하지만 아무리 건강하고 오래 살아도 행복하지 못하면 건강하고 오래 사는 것이 아무런 의미가 없습니다. 그래서 전도서 6장 6a절은 "그가 비록 천 년의 갑절을 산다 할지라도 행복을 보지 못하면" 아무런 의미가 없다고 말씀합니다. 사람은 하루를 살아도 행복해야 합니다.

어떻게 하면 행복할 수 있을까요?

돈만 많이 있으면 행복할까요?

그렇지 않습니다. 물론 돈은 필요합니다. 기본적인 필요조차 채워지지 않는데 행복하기란 쉽지 않습니다. 얼마 전 신문에서 보니까 "미국 사람들은 한 해 소득이 7만5천 달러(8천만 원)쯤 되면 가장 행복하다"고 합니다. 거기에 비해 우리나라 사람들은 "부채가 없는 상태에서 30평 넘는 아파트에서 살아야 하고, 월급은 500만 원 이상이 되어야 하며, 차는 2000cc급 중형차를 몰아야 하고, 은행에는 1억 원 이상의 돈이 예금되어 있어야 하며, 1년에 한 번은 해외여행을 할 수 있어야 중산층"이라고 합니다. 행복하게 느끼는 것이 아니라, 그 정도가 되어야 '중산층'이라는 것입니다. 우리나라의 실제 수준이 그렇다는 것이 아니고, 우리나라 사람들이 그렇게 생각한다는 것입니다.

프랑스 사람들은 중산층을 "외국어 하나 할 줄 알고, 직접 즐기는 스포츠가 있고, 악기 하나 다룰 줄 알고, 남다른 요리를 할 줄 알고, 봉사활동을 꾸준히 하면 중산층"이라고 생각한답니다. 이런 것을 보면 우리나라 사람들이 얼마나 물질적인 것에 치우쳐 있는지 알 수 있습니다. 그래서 미국의 심리학자 에드 디너는 "한국인의 낮은 행복감은 지나친 물질주의 때문"이라고 했습니다.

돈은 필요하고, 행복에도 어느 정도 기여하는 것은 사실이지만 절대적인 것은 아닙니다. 만일 돈이 절대적이라면 돈을 많이 가진 사람일수록 더 행복해야 할 것입니다. 그런데 사실은 그렇지가 않습니다. 돈이 없어도 행복한 사람이 있고, 돈을 많이 가지고도 행복하지 못한 사람이 있습니다.

행복과 관련해서 돈보다 더 높은 차원의 것이 있습니다. 그것은 명예와 자아실현입니다. 사람이 어느 정도 먹고 살만 하고, 가진 것이 좀 되다 보면 명예를 얻고 싶어 하고, 자아실현을 하기 원합니다.

그런데 명예를 얻고, 자아실현을 하면 행복해질까요?

어느 정도 도움은 될 것입니다. 그러나 그것도 절대적인 것은 아닙니다.

부귀영화를 누린 솔로몬의 고백

전도서를 쓴 솔로몬 왕은 인류역사상 부귀영화를 가장 많이 누린 사람입니다. 그런데 그가 인생을 다 살고난 후 내린 결론이 무엇인줄 아십니까?

"헛되고 헛되며 헛되고 헛되니 모든 것이 헛되도다"(전도서 1:2) 하는 것입니다. 행복해지기 위해 그는 안 해 본 것이 없습니다. 많은 재물도 가져보았고, 권세와 명예도 누려보았고, 쾌락도 추구해 보았습니다. 그에게는 후궁이 700명, 첩이 300명 있었습니다(열왕기상 11:3). 그런데도 그는 전혀 행복하지 않았습니다. 그가 한 말을 직접 한 번 들어보십시오.

"나는 내 마음에 이르기를 '자, 내가 시험 삼아 너를 즐겁게 하리니 너는 낙을 누리라' 하였으나 보라 이것도 헛되도다. 내가 웃음에 관하여 말하여 이르기를 그것은 미친 것이라 하였고, 희락에 대하여 이르기를 이것이 무슨 소용이 있는가 하였노라. 내가 내 마음으로 깊이 생각하기를 내가 어떻게 하여야 내 마음을 지혜로 다스리면서 술로 내 육신을 즐겁게 할까, 또 내가 어떻게 하여야 천하의 인생들이 그들의 인생을 살아가는 동안 어떤 것이 선한 일인지를 알아볼 때까지 내 어리석음을 꼭 붙잡아 둘까 하여 나의 사업을 크게 하였노라. 내가 나를 위하여 집들을 짓고 포도원을 일구며 여러 동산과 과원을 만들고 그 가운데에 각종 과목을 심었으며 나를 위하여 수목을 기르는 삼림에 물을 주기 위하여 못들을 팠으며 남녀 노비들을 사기도 하였고 나를 위하여 집에서 종들을 낳기도 하였으며 나보다 먼저 예루살렘에 있던 모든 자들보다도 내가 소와 양 떼의 소유를 더 많이 가졌으며 은 금과 왕들이 소유한 보배와 여러 지방의 보배를 나를 위하여 쌓고 또 노래하는 남녀들과 인생들이 기뻐하는 처첩들을 많이 두었노라. 내가 이같이 창성하여 나보다 먼저 예루살렘에 있던 모든 자들보다 더 창성하니 내 지혜도 내게 여전하도다. 무엇이든지 내 눈이 원하는 것을 내가 금하지 아니하며 무엇이든지 내 마음이 즐거워하는 것을 내가 막지 아니하였으니 이는 나의 모든 수고를 내 마음이 기뻐하였음이라. 이것이 나의 모든 수고로 말미암아 얻은 몫이로다. 그 후에 내가 생각해 본즉 내 손으로 한 모든 일과 내가 수고한 모든 것이 다 헛되어 바람을 잡는 것이며 해 아래에서 무익한 것이로다"(전도서 2:1-11).

행복을 위해 이것저것 안 해본 것이 없지만 다 쓸 데 없더라는 것입니다.

그렇다면 **행복은 어디에 있는 것일까요?**

행복은 어디에

결론부터 말씀드리면, 행복은 자족하는 마음에 있습니다. 수고하는 가운데 기쁨을 누리는 데 있습니다. 그리고 선을 베푸는 데 있습니다. 이것이 솔로몬 왕이 발견한 행복의 비결입니다.

전도서 1장 8b절에서 솔로몬은 "눈은 보아도 족함이 없고 귀는 들어도 가득 차지 아니하도다"라고 했습니다. 전도서 5장 10절과 6장 7절에서는 "은을 사랑하는 자는 은으로 만족하지 못하고 풍요를 사랑하는 자는 소득으로 만족하지 아니하나니 이것도 헛되도다. 사람의 수고는 다 자기의 입을 위함이나 그 식욕은 채울 수 없느니라"고 했습니다. 그러므로 사람은 자족할 줄 알아야 합니다. 자족할 때 사람은 행복해지는 것입니다.

전도서 3장 12-13절에서는 또 이런 말을 합니다.

"사람들이 사는 동안에 기뻐하며 선을 행하는 것보다 더 나은 것이 없는 줄을 내가 알았고, 사람마다 먹고 마시는 것과 수고함으로 낙을 누리는 그것이 하나님의 선물인 줄도 또한 알았도다."

즐겁게 살고, 선을 행하면서 사는 것이 제일이라는 것입니다. 전도서 9장 7-10절에서는 이런 말도 합니다.

"너는 가서 기쁨으로 네 음식물을 먹고 즐거운 마음으로 네 포도주를 마실지어다. 이는 하나님이 네가 하는 일들을 벌써 기쁘게 받으셨음이니라. 네 의복을 항상 희게 하며 네 머리에 향기름을 그치지 아니하도록 할지니라. 네 헛된 평생의 모든 날 곧 하나님이 해 아래에서 네게 주신 모든 헛된 날에 네가 사랑하는 아내와 함께 즐겁게 살지어다. 그것이 네가 평생에 해 아래에서 수고하고 얻은 네 몫이니라. 네 손이 일을 얻는 대로 힘을 다하여 할지어다. 네가 장차 들어갈 스올('무덤' 또는 '저 세상')에는 일도 없고 계획도 없고 지식도 없고 지혜도 없음이니라."

즐겁게 살고, 결혼생활도 즐겁게 하고, 일도 열심히 하라는 말씀인데 그것이 곧 행복이기 때문입니다.

행복이 무엇인지 조금 이해가 되십니까?

행복은 결코 멀리 있지 않습니다. 자족하는 마음속에 있고, 수고하는 가운데 기쁨을 누리는 데 있으며, 선을 베푸는 데 있습니다.

행복과 관련하여 가장 중요한 것

행복과 관련하여 정말 중요한 것이 있습니다. 그것은 하나님을 경외하면서 사는 것입니다. 이것이 사실은 가장 중요합니다.

전도서 12장 13-14절에 이런 말씀이 있습니다.

"일의 결국을 다 들었으니 하나님을 경외하고 그의 명령들을 지킬지어다. 이것이 모든 사람의 본분이니라. 하나님은 모든 행위와 모든 은밀한 일을 선악 간에 심판하시리라."

하나님을 경외하는 것이 사람의 본분이라고 했습니다. 하나님은 사람이 행한 모든 일을 심판하신다고 했습니다. 그러므로 사람은 하나님을 경외하면서 살아야 합니다.

가진 것이 많다고 행복한 것이 아닙니다. 지위가 높다고 행복한 것이 아닙니다. 참된 행복은 하나님을 경외하는 삶 속에 있습니다.

성공한 사람들 중에도 자살로 생을 마감하는 사람들이 있습니다. 사람들의 시각으로 보면 분명히 성공한 인생입니다. 그런데 어느 날 갑자기 자살로 생을 마감합니다. 그 이유가 무엇인줄 아십니까? 다 그런 것은 아니지만 삶의 목적이 잘못되었기 때문입니다. 돈을 목적으로 살아왔는데 돈을 모으고 보니 허무합니다. 인기를 목적으로 살아왔는데 인기를 얻어도 우울합니다. 그래서 연예인이 자살을 하고, 부자가 자살을 하는 것입니다. 그러나 하나님을 경외하면서 하나님께 영광 돌리는 것을 목적으로 삼고 살아가는 사람은 절대로 허무하거나 우울하지 않습니다. 하나님을 섬기면 섬길수록 더 행복해집니다.

가수 박진영이 찾고 있는 분

가수 박진영씨가 SBS '힐링캠프, 기쁘지 아니한가'에 나와서 했던 말이 생각납니다. 한 번 들어보십시오.

박진영 : 자유! 이것이 가장 소중한 거에요. 열심히 산다는 건 과정이고 결과적으로 어떤 목적, 좌표가 있어야 하는 거잖아요. 처음에는 대학에 들어가서 목표를 정했는데 20억을 버는 거였어요. 생각을 해보았더니 20억을 벌어서 은행에 넣어 놓으면 그 이자로 내가 하고 싶은 것을 마음대로 하면서 돈에 얽매이지 않고 살 수 있겠더라고요. 20억을 벌면 제가 하고 싶은 것을 할 수 있는 자유가 올 줄 알았어요. 정확하게 목표가 섰죠. 그래서 돈을 굉장히 빨리 벌었어요. 그런데 그 때 깨달은 게, 돈만 있다고 제가 하고 싶은 일을 다

할 수 있는 게 아니더라고요. 다른 사람들의 도움이 필요하니까요.

이경규 : 당연하지요.

박진영 : '아, 내가 목표를 잘못 세웠구나. 사람은 돈이 아니고 명예구나!' 그 다음부터 목표를 명예로 바꾸었어요. 저보다 돈이 훨씬 많은 분들을 가만히 봤더니 돈이 아무리 많아도 뒤늦게 명예를 찾으시더라고요. '아, 돈으로는 안차는구나. 명예다! 내 분야에서 최고가 되자.' 그래서 가수만 갖고는 성이 안 차 제작을 동시에 했어요. 1999년도에 GOD의 프로듀서가 됐죠. 아시아 전체의 작곡가가 미국에 가서 미국 톱가수의 앨범에 곡을 수록한 적이 한 번도 없었어요. '그거다!' 11개월째에 빌보드 6위 앨범에 제 곡이 실렸어요. 그 때 '와! 재밌다!' 뼈가 으스러질 정도로 힘들고 벅찬데 살아있는 게 느껴졌어요. 그러다가 '탁!' 어느 순간에 좌표가 또 와르르르 무너졌어요.

한혜진 : 명예가 아니란 말이죠? 왜?
이경규 : 얻을 것을 다 얻었는데요?

박진영 : '나한테 지독한 운이 따랐구나!' 그리고 갑자기 돌이켜보면서 지금까지 정말 재수 좋게, 운 좋게 따랐던 일들을 써보기 시작했어요. 한국에서 우리 부모님의 자식으로 태어난 것, 어렸을 때

엄마가 억지로 피아노를 치게 한 것, 7살 때 미국에 가서 2년 반 동안 살게 된 것, 그 때 마이클 잭슨(그의 음악)을 만난 것, 2년 반 동안 영어를 배우게 된 것, 공부를 잘할 수 있는 영리한 머리와 집중력을 주신 것(웃음), 아날로그와 디지털 경계에 태어난 것, 김형석 작곡가와 방시혁 작곡가를 만난 것, 수많은 가수들을 만난 것, 16년 동안 계속 악상이 떠오르게 해준 것, 각종 사고와 질병으로부터 아직까지 안 죽은 것! 이 중에 하나만 없었어도 현재의 결과가 나올 수 없었어요. 근데 '제가 어딜 감히, 내가 뭘 잘했다고 떠들었지?' 이 생각이 밀려오는 거예요. 그걸 깨달으니까 내가 노력한 것은 많이 쳐줘야 30% 정도 되겠더라고요. '아, 이거 내가 한 게 아니구나!' 갑자기 시선이 하늘로 가는 거예요. '누가 있구나! 무슨 이유가 있겠구나!'라는 생각이 처음으로 들면서 "감사해요!"가 시작되었어요. "감사합니다! 감사합니다!" 곡 하나 써지면 "감사합니다!", 가사 하나 써지면 "감사합니다!", 넘어질 뻔 하다가 안 넘어지면 "감사합니다!" 그것도 그냥 말하면 성의 없는 것 같아서 항상 창문을 열고 하늘을 보면서, 문 열고 하늘을 보면서 "감사합니다!"라고 하고 들어오곤 했어요. 그런데 "감사합니다!"만 하다 보니 위에서 왠지 "그래서? 감사하면 뭐할 건데? 말로만 감사해?" 하는 것 같아 "더 어려운 분들 드릴게요." 하고는 남을 돕기 시작했어요. '와, 드디어 자유가 왔구나. 이거구나!' 인생은 열심히 살고 그 모든 걸 어려운 사람들한테 주면서 '아, 이렇게 사는 거구나, 인생은!' 그렇게 하면서 행복해 했거든요. 그런데 어느 날, 위에서 이러는 것 같았어요. "고맙다고 하면서 나 안 찾아와?" 그래서 "아, 제가 찾아가겠습니다." 했어요. 누군지 모르겠지만, 하나님인지 부처님인지 외계인인지 그냥 초월적인 에너지인지 모르겠지만 제가 찾아가겠다고 말씀드린 거죠.

이경규 : 그러면 그분을 찾아가고 있습니까?

박진영 : 일주일에 하루를 빼기 시작했어요. 일주일에 하루는 오로지 그 분을 찾아가는 일만 한다는 계획을 세우고 그렇게 한 것이 지금까지 2년이 됐죠. 저 혼자 과학, 성경, 코란, 불경, 사이언톨로지를 좌악 펼쳐놓고 제가 찾아갈 테니 가이드를 좀 해달라고 말씀드렸죠. 어디서부터 어떻게 가야 할지를⋯⋯.

이경규 : 남들처럼 종교에 빠져 신의 존재를 생각해볼 수 있는데, 그러지 않고 공부를 하는 겁니까?

박진영 : 저는 종교를 원하는 게 아니거든요. 정말로 이 세상과 인간을 누가 만들었는지, 그 사실이 정확하게 궁금해요. 누가 만들었냐는 거죠. 왜 생겼나? 과학을 파기 시작하면서 보니 제 몸이 100조 개의 세포로 되어 있었어요. 그 100조개 중 하나의 세포가 인간이 만든 위대한 기계보다 복잡해요. 인간이 만들지도 못하는 100조개로 되어 있는 게 저인데 우리는 사용설명서를 몰라요. 우리 몸은 자

동차보다 몇 조 배로 복잡한 기계인데 면허증도 없고 사용설명서도 없어요. 어떻게 살아야 되는지, 진짜 사용설명서는 만든 분이 아니면 못쓴다고 생각해요. 저는 그분을 만나서 사용설명서를 받고 싶어요.

김제동 : 이게 사실은 누구나 한 번쯤 해보았을 고민인데, 이렇게 파고 들어가는 경우가 없기 때문에 저희가 의아해 하는 거거든요.

이경규 : 사실 그런 고민은 사춘기 때 하다가 없어지는데…….

박진영 : 저는 민망해서 그래요.

이경규 : 복을 많이 받아서요?

박진영 : 너무 잘 돼서, 민망해서 그래요. 근데 보통 다른 분들에게 이런 이야기를 하면 "어려운 사람 도우면 돼." 하는 말만 하는 거예요. 해봤어요. 해봐도 계속 궁금한 걸 어떡해요. 자선이 답이 아니에요. 돈을 벌어 보니까 삼분의 일(33%)은 행복해지고 자유로워지더라고요. 그 다음에 명예와 인정과 사랑을 받으니까 훨씬 더 행복해졌어요(66%). 그러다가 허무해지기 시작했을 때 남을 도왔더니 꽤 많이 행복해지더라고요(99%). 그런데 점점 더 느끼는 건, 아무리 자기가 가진 모든 것을 남한테 다 주더라도 결국은 세상과 인간을 누가, 왜 만들었는지 모르면 그 1% 때문에 결국 나는 끊임없이 쓸

쓸하고 혼란스러운 거예요.

한혜진 : 사람들은 "인생을 주체적으로 살아라. 인생의 주체자는 나야." 이런 얘기를 많이 하잖아요. 그런 것들은 다 잘못된 말이라고 생각하시나요?

박진영 : 개인적인 생각이지만 말이 안 된다고 생각해요. 왜냐하면 삶은커녕 우리가 우리 몸의 주인일까요? 우리가 손을 움직이고, 발을 움직이니까 우리가 움직이는 것 같죠? 그런데 중요한 건 손발은 안 움직여도 살거든요. 제일 중요한 심장, 허파는 누가 공짜로 계속 해주거든요. 인간은 자기 삶의 주체가 절대 될 수 없고, 자기 몸의 주체 또한 될 수 없어요. 한 번만 뒤돌아보세요. 자기 계획대로 된 게 있나?

(SBS 힐링캠프, '박진영 편' 중에서, 2012년 4월 30일)

박진영씨가 찾고 있는 분, 그가 만나야 할 분이 누구인줄 아십니까? 바로 하나님이십니다.

하나님은 사람을 만드신 분입니다. 이 세상의 모든 일을 지배 주관하시는 분입니다. 사람의 생사화복(生死禍福)도 하나님께서 주관하십니다. 그러므로 사람은 하나님을 섬기고, 하나님께 영광 돌리는 삶을 살아야 합니다. 그것이 하나님께서 사람을 창조하신 목적입니다. 어린 아이는 부모 곁에 있을 때 가장 행복하고, 물고기는 물속에 있을 때 가장 행복한 것처럼 사람은 하나님의 품안에서 하나님을 경외하며 살 때 가장 행복합니다.

신명기 33장 29a절에 이런 말씀이 있습니다.

"이스라엘이여! 너는 행복한 사람이로다. 여호와의 구원을 너같이 얻은 백성이 누구냐. 그는 너를 돕는 방패시요, 네 영광의 칼이시로다."

어떤 사람이 행복한 사람인줄 아십니까? 하나님을 섬기며 사는 사람입니다.

시편 23편 1-4절에서 다윗은 이렇게 노래했습니다.

"여호와(하나님)는 나의 목자시니 내게 부족함이 없으리로다. 그가 나를 푸른 풀밭에 누이시며 쉴 만한 물 가로 인도하시는도다. 내 영혼을 소생시키시고 자기 이름을 위하여 의의 길로 인도하시는도다. 내가 사망의 음침한 골짜기로 다닐지라도 해를 두려워하지 않을 것은 주께서 나와 함께 하심이라. 주의 지팡이와 막대기가 나를 안위하시나이다."

하나님을 경외하고 사는 사람의 복이 이런 것입니다. 하나님을 경외하는 사람은 죽을 때도 소망이 있습니다.

"내 평생에 선하심과 인자하심이 반드시 나를 따르리니 내가 여호와의 집에 영원히 살리로다"(시편 23:6).

하나님을 경외하는 삶의 시작은 예수님을 믿는 것입니다. 추악한 죄인이 어떻게 감히 하나님께 나아갈 수 있고, 하나님을 섬길 수 있겠습니까! 예수님은 하나님께서 인간의 몸을 입고 이 땅에 오셔서 사람들이 하나님께 나아갈 수 있도록 길을 열어주신 분입니다. 그가 십자가에 달려 돌아가신 것은 당신을 포함한 모든 사람들의 죄값을 대신 지불하기 위함이었습니다(이사야 53:5-6, 요한일서 4:9-10).

예수님을 믿음으로 하나님을 경외하는 삶을 살기 원한다면 지금 이렇게 기도하십시오.

"하나님, 저는 죄인입니다. 지금까지 저는 하나님을 떠나 살았습니다. 예수님께서 저를 위해 돌아가신 것도 몰랐습니다. 이제 예수님께서 저의 죄를 위해 돌아가신 것과 3일 만에 다시 살아나신 것을 믿습니다. 저를 구원해 주시고, 하나님의 자녀로 삼아주십시오. 예수님의 이름으로 기도합니다. 아멘!"

이 기도를 마음으로부터 하셨다면 당신은 하나님의 자녀가 되었습니다(요한복음 1:12). 영생을 얻었고 천국에 갈 수 있습니다(요한복음 5:24, 14:1-3). 이것을 성경에서는 '구원'이라고 합니다(로마서 10:9-10).

어린 아이가 자라려면 음식과 돌봄이 필요하듯 당신도 영적인 음식과 돌봄이 필요합니다. 성경적인 교회를 찾아 당신의 교회로 정하시고 믿음생활을 하시기 바랍니다.

당신의 삶에 하나님의 인도하심과 보호하심이 있기를 기도합니다.

강 효 민 목사

미국 바이올라대학교의 탈봇신학대학원에서 공부하였으며(목회학 석사 · 박사),
현재 중곡동에 있는 새삶침례교회(www.newlifebc.or.kr) 담임목사로 섬기고
있다. 저서로는 「말하지 아니할 수 없습니다」(전도 칼럼집) · 「복음의 능력」(로마
서 강해설교) · 「요한계시록이 보인다」(요한계시록 강해설교) · 「성령이 임하시면」
(사도행전 강해설교) 등이 있다.

행복을 찾아서

지 은 이 | 강 효 민
펴 낸 날 | 2014년 2월 8일
펴 낸 곳 | 새삶전도협회
　　　　　www.nleva.org
　　　　　서울시 광진구 능동로 314
　　　　　(02) 458-0691

출판등록 | 제25100-2007-26호
ISBN 978-89-6961-004-1